EXPOSITION UNIVERSELLE

DE PARIS (1867)

Vve BERGER-LEVRAULT & FILS

IMPRIMEURS-LIBRAIRES

A STRASBOURG (BAS-RHIN)

MAISON A PARIS, RUE DES BEAUX-ARTS, 5

NOTICE

STRASBOURG
IMPRIMERIE DE VEUVE BERGER-LEVRAULT
1867

EXPOSITION UNIVERSELLE

DE PARIS (1867)

— ❧❖❦ —

Vve BERGER-LEVRAULT & FILS

IMPRIMEURS-LIBRAIRES

A STRASBOURG (BAS-RHIN)

MAISON A PARIS, RUE DES BEAUX-ARTS, 5

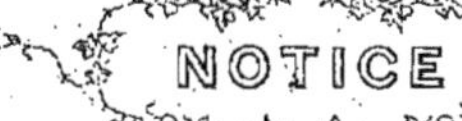

NOTICE

STRASBOURG

IMPRIMERIE DE VEUVE BERGER-LEVRAULT

1867

RAPPORT DU JURY INTERNATIONAL.

JURÉS ANGLAIS.

(Report of the Juries on the subjects in the thirty six classes into which the exhibition was divided. London. 1862.)

In France we meet on a large scale that combination of all the various branches of book-producing in one establishment, which is not uncommon on the continent. The firm of Widow Berger-Levrault & Son is a similar combination of all the branches, employing 222 persons, of whom 92 are employed in the printing office.

A principal branch of their business is the printing of government and other account books. In this the black and faint ruling are produced at one working by the printing machine. A patent has been taken for the invention, which is probably a transfer from a zinc or lithographic plate to an electrotype block[1].

---

1. L'honorable rapporteur fait ici une légère erreur; le brevet d'invention que nous avons pris s'appliquait à une machine à régler proprement dite, dont nous nous servons encore, et le tirage simultané du noir et du gris se fait par d'autres procédés que ceux qu'il suppose.

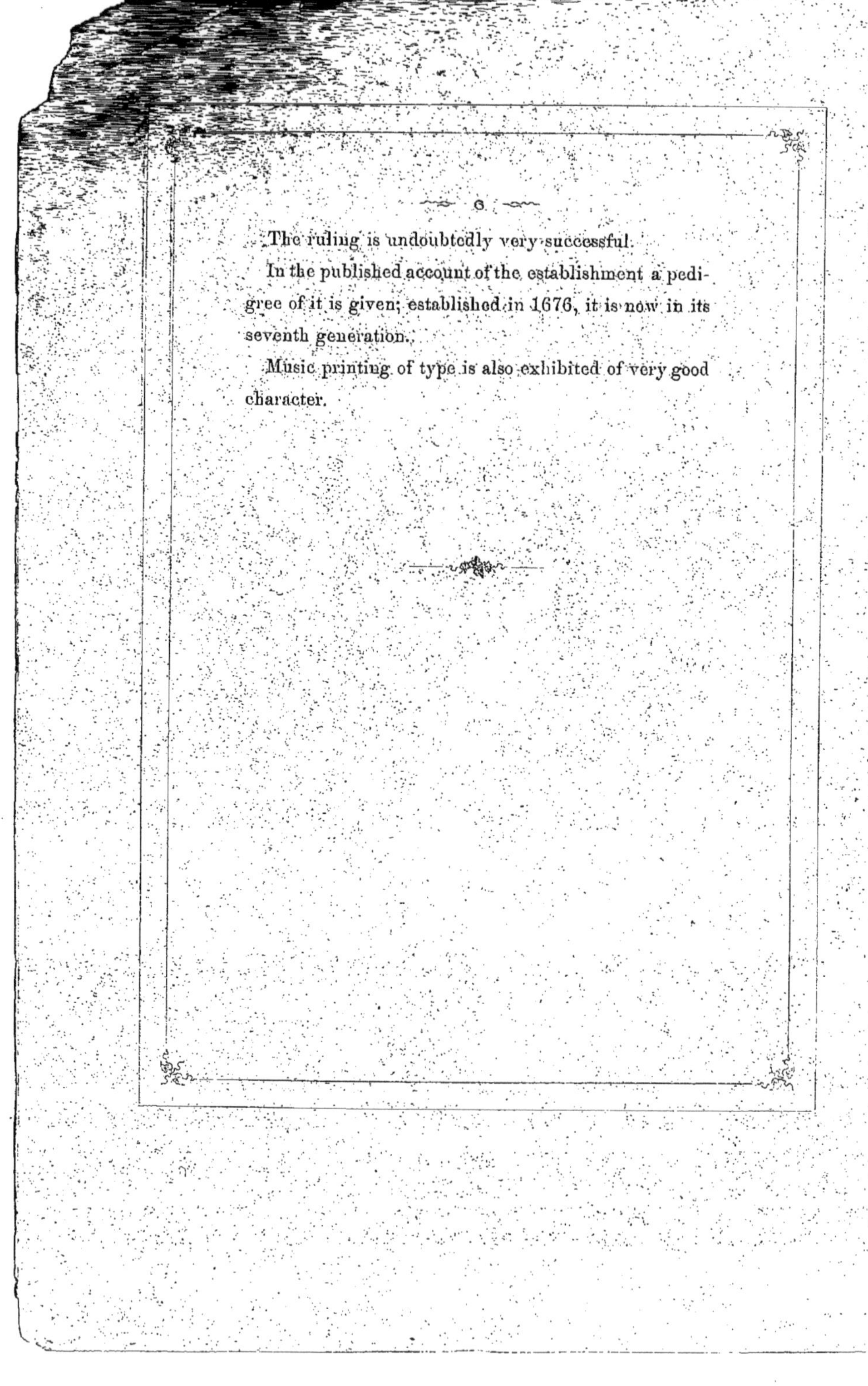

The ruling is undoubtedly very successful.

In the published account of the establishment a pedigree of it is given; established in 1676, it is now in its seventh generation.

Music printing of type is also exhibited of very good character.

RAPPORT DU JURY DÉPARTEMENTAL DU BAS-RHIN.

Fondée en 1676 pour l'exploitation d'un simple fonds de librairie, auquel fut jointe en 1685 une imprimerie, la maison de MM. Ve Berger-Levrault et Fils, depuis près de deux siècles, se transmettant de génération à génération ce patrimoine industriel, a su le conserver dans sa famille à travers toutes les vicissitudes politiques, commerciales et industrielles avec une honorabilité incontestée jusqu'à ce jour.

C'est un exemple rare à signaler en industrie; il prouve de plus qu'une direction intelligente, se pliant à tous les besoins de l'époque, a dû en tout temps présider à cet établissement pour accepter les innovations et réaliser les progrès indispensables.

Ces traditions solides ont surtout trouvé des interprètes éclairés dans les propriétaires actuels de la maison et à une époque où la diffusion des procédés de fabrication, les découvertes incessantes dans les sciences et la mécanique, une concurrence surexcitée par les facilités de rapport et de circulation rendent la position du chef d'industrie de plus en plus difficile et constituent immédiatement en infériorité celui qui ne se plie pas résolûment à la loi du progrès incessant.

Les différents chefs de la maison se sont trouvés amenés à réunir successivement à la librairie de fonds et à l'imprimerie typographique, la librairie administrative, la lithographie, la fonderie de caractères et la stéréotypie, la réglure, la reliure, la galvanoplastie et en dernier lieu la gravure sur cuivre pour la typographie, en un mot la presque totalité des industries concourant à la transformation en produit fabriqué du papier considéré comme matière première.

C'est en réunissant toutes les branches d'impression et de reproduction sous sa direction immédiate que la maison V^c Berger-Levrault et Fils, en les utilisant et les comparant alternativement, est parvenue à une supériorité de production incontestable.

Sans entrer dans l'analyse de la notice explicative très-détaillée, fournie par MM. V^c Berger-Levrault et Fils, il est néanmoins important de signaler ce qui ressort d'une simple inspection des spécimens de leurs produits variés pris au hasard ; c'est-à-dire que des soins constants et minutieux doivent présider à toutes les branches de fabrication, afin de ne livrer que des produits irréprochables à un bon marché relatif.

Cette observation s'applique d'abord aux ouvrages divers édités par la maison et dont, entre autres, le *Siége de Sébastopol, publié par ordre du département de la Guerre*, peut fournir un exemple frappant. La beauté du texte, la pureté et la netteté de l'impression défient toute concurrence.

Il en est de même (et peut-être les difficultés à surmonter ont été plus grandes encore) des imprimés d'administration et de comptabilité qui sortent des presses des exposants; le texte et la réglure avec lignes grises, la diversité des tableaux intercalés sont exécutés avec une netteté, une pureté et une correction qui n'avaient jamais été atteintes par la typographie. — Aussi les efforts faits par la maison pour arriver à un degré semblable de perfection reçoivent-ils journellement leur récompense par l'extension croissante de cette branche d'industrie.

En outre, ces messieurs impriment aujourd'hui la *Statistique générale de la France*, précédemment imprimée par l'Imprimerie impériale : il n'est pas nécessaire d'autre commentaire pour prouver que le Gouvernement a reconnu une supériorité incontestable dans la manière de faire de MM. V^c Berger-Levrault et Fils, en détachant ce travail d'un établissement sous sa direction immédiate pour le leur donner.

Un autre produit remarquable, ce sont les impressions de musique en types mobiles par les procédés typographiques. Ces impressions forment une branche assez importante, et il a fallu surmonter bien des obstacles pour l'amener à ce degré de perfection. Depuis peu les exposants ont introduit également la gravure sur cuivre pour le tirage typographique ; ce procédé, quoique d'une application récente, mérite de fixer l'attention : il présente un intérêt réel et prouve, de plus, qu'ils tiennent à ne rester en arrière d'aucun progrès.

Grâce à une direction intelligente, une activité soutenue et une surveillance minutieuse des diverses branches qui constituent aujourd'hui l'industrie de la maison V^c Berger-Levrault et Fils, elle peut lutter de pair avec les premiers établissements de la capitale et a vu doubler, depuis une dizaine d'années, le chiffre de sa production.

Il reste à constater un dernier fait que la notice fournie par les exposants ne pouvait pas relater, mais qu'il serait injuste de passer sous silence, car il est

de notoriété publique : nous voulons parler de la solli-
citude paternelle et patriarcale qui s'étend au nombreux
personnel qui peuple les bureaux et les ateliers.

Signé : G. BERGMANN,

Membre du Jury.

Le rapport ci-dessus a été adopté par le Jury départemental
du Bas-Rhin réuni en séance générale le 6 mars 1862.

Le Président,   Le Secrétaire,

Signé : COUMES.   *Signé :* SPINDLER.

HISTORIQUE.

Nous croyons qu'il ne sera pas sans intérêt de faire précéder la notice relative à notre maison d'un court aperçu sur son passé, puisque, sans prétendre à être une des plus anciennes de France, elle compte cependant près de deux cents ans d'existence, qu'elle s'est continuée dans la même famille, par héritage direct, depuis sa fondation jusqu'à ce jour, tout en présentant cette particularité que la succession a eu lieu plusieurs fois par le côté maternel, et que par conséquent la maison a changé plusieurs fois de nom.

Son fondateur est Frédéric-Guillaume Schmuck, de Ribeauvillé, qui s'établit comme libraire à Strasbourg en 1676.

En 1685, il joignit à sa librairie une imprimerie typographique et reçut peu après le titre d'imprimeur de l'Évêché.

Nous n'avons pu retrouver dans les actes de la mairie de Strasbourg la date précise de sa mort. — Il eut pour successeur l'aîné de ses fils, Frédéric Schmuck, né en 1678, mort sans laisser d'héritiers, en sorte que l'imprimerie passa à son frère Guillaume Schmuck, né en 1682, qui avait occupé jusqu'alors la charge de préfet royal à Haguenau.

Guillaume Schmuck fut nommé imprimeur du Roi et de l'université de Strasbourg, et mourut en 1751. — Il eut deux filles dont la seconde, Anne-Catherine, épousa, en 1724, Jean-Robert Christmann, de Kempten, avocat et conseiller au Sénat de Strasbourg, qui prit la suite des affaires de son beau-père.

Jean-Robert Christmann mourut en 1761; sa veuve lui survécut jusqu'en 1772. A la mort de son mari, elle remit l'imprimerie à l'aîné de ses fils, François-Robert-Adrien Christmann, né en 1728. Celui-ci s'associa son beau-frère, François-George Levrault, né en 1722 à Ogéviller, et qui venait d'épouser Marie-Anne-Éléonore Christmann, fille de Jean-Robert Christmann.

Par suite de cette association, la maison prit le nom de *Christmann et Levrault*, qu'elle garda jusqu'en 1771, époque de la mort de François Christmann, qui n'avait conservé qu'un fils devenu notaire.

François-George Levrault continua dès lors seul les affaires et donna à la maison le nom de *Levrault*, qu'elle a conservé depuis 1771 jusqu'en 1850.

François-George Levrault mourut en 1798, laissant
quatre fils, François-Laurent-Xavier, Louis[1], Nicolas[2],
et Xavier[3], qui tous s'occupèrent d'imprimerie.

Ce fut l'aîné d'entre eux, François-Laurent-Xavier,
qui devint le chef de la maison de Strasbourg. Né en
1762, il épousa, en 1793, Caroline Schertz, née en 1775.

Il s'était voué d'abord à la carrière administrative.
Devenu procureur général syndic, il se démit de ses
fonctions lors de la Terreur. Il s'était élevé, par un
réquisitoire énergique, contre les suites de la journée
du 10 août, et engagea les citoyens les plus notables
à rédiger contre la déchéance du roi un acte de protes-
tation. Ce courageux réquisitoire, qui eut le mérite
d'être fait en plein conseil général et en présence
des commissaires de l'Assemblée législative, désigna
Monsieur Levrault aux hommes du pouvoir comme une
de leurs premières victimes et le força de se soustraire

---

1. Demeura dans les affaires de la maison jusqu'à sa mort.

2. Mort directeur de l'imprimerie de la Grande Armée dans la
campagne de Russie.

3. Lieutenant-colonel de cavalerie en 1800, se fixa comme imprimeur à Dusseldorf jusqu'en 1813, et rentra ensuite en Alsace, où il
remplit de la manière la plus honorable des fonctions administratives
jusqu'à sa mort (1844).

par la fuite à un mandat d'arrêt pour l'Abbaye. Rentré après la Terreur, il entra dans les affaires de son père, dont il prit la direction en 1798.

Sous l'impulsion qu'il lui donna, la maison étendit considérablement ses relations commerciales. Une grande partie du commerce d'exportation de la librairie française pour l'Allemagne et les pays du Nord passait par ses mains; de nombreuses publications (scientifiques, militaires, d'instruction et d'éducation) sortaient de ses presses et classaient la maison Levrault parmi les plus importantes librairies de France. — Nous ferons remarquer que, jusqu'en 1813, la fourniture des imprimés militaires, qui formait alors déjà une de ses spécialités, amenait la maison à faire aux régiments des fournitures excessivement importantes qui suivirent jusqu'en Russie les mouvements de nos armées.

François-Laurent-Xavier Levrault était un homme des plus remarquables. — Doué de la manière la plus heureuse, infatigable au travail, il unissait à une grande facilité une activité rare qui seules l'ont mis à même de répondre à tous les appels qui ont été faits à son dévouement.

Les fonctions administratives auxquelles il avait renoncé en 1793 vinrent le rechercher peu d'années

après. — Il fut successivement adjoint au maire de la
ville de Strasbourg, conseiller de Préfecture, membre
du Conseil général et de la Chambre de commerce du
Bas-Rhin, inspecteur, puis recteur de l'Académie de
Strasbourg; il dut refuser le poste de Préfet du Bas-Rhin,
qui lui fut offert, parce qu'il sentait que ses forces ne
lui permettraient pas de le remplir. La place éminente
de recteur le mit à même de rendre les plus grands
services à l'instruction publique. Le perfectionnement
général de l'enseignement primaire, surtout en ce qui
concerne la propagation de la langue française dans
les deux départements de l'Alsace, est dû à ses soins.

Malgré son activité, les affaires de la maison auraient
certainement souffert de tous les emplois auxquels il
avait été appelé par la confiance de ses concitoyens,
s'il n'avait trouvé un concours précieux dans sa femme,
Madame Levrault, née Schertz. Mais un travail trop
assidu dans les dernières années de sa vie, et surtout la
liquidation des charges de guerre du département,
opération immense que, dans l'intérêt de ses concitoyens,
il avait acceptée et qui ne fut terminée qu'à la fin de
1820, abrégèrent ses jours et développèrent avec une
effroyable rapidité les germes de la maladie qui
l'emporta le 17 mai 1821. Après la mort de son mari,

Madame Levrault prit courageusement la suite de la maison, et conserva pendant 29 ans la direction de cet héritage de famille.

A partir de 1825, Madame Levrault fut secondée à Strasbourg par l'un de ses gendres, Monsieur Fréderic Berger, avocat, enlevé à sa famille dans la force de l'âge en 1837, pendant qu'un second gendre, Monsieur C. Pitois, dirigeait la maison que Madame Levrault conserva à Paris jusqu'en 1839.

Les publications nombreuses sorties pendant ce temps des presses de la maison, sont assez connues pour que nous n'ayons pas besoin de nous y arrêter. Il suffira de rappeler qu'elle édite depuis 1819 l'*Annuaire militaire de l'armée française*, et que les noms des premières notabilités scientifiques se retrouvent parmi les auteurs dont elle a publié les ouvrages : ainsi le baron George Cuvier, Dufrénoy, Élie de Beaumont, Blainville, Alcide d'Orbigny, Valenciennes, etc.

Après la mort de Monsieur Fréderic Berger, sa veuve, Madame Berger-Levrault, prit, en 1839, la direction de l'imprimerie typographique, tandis que Madame Levrault continua à diriger la librairie jusqu'à sa mort, arrivée en 1850.

Toutes les branches qui composent la maison passèrent dès lors à sa fille, Madame veuve Berger-Levrault, chef actuel de la maison, qui réunit de nouveau la librairie à l'imprimerie, en s'associant son fils aîné, Monsieur Oscar Berger-Levrault, précédemment fondé de pouvoirs de sa grand'mère.

TABLEAU GÉNÉALOGIQUE

DES CHEFS SUCCESSIFS DE LA MAISON BERGER-LEVRAULT.

Frédéric-Guillaume Schmuck,
fonde la librairie en 1676, créé l'imprimerie en 1685,
mort vers 1700.

Frédéric Schmuck,   Guillaume Schmuck,
(?) 1700-1720.   (?) 1720-1751.

Anne-Catherine Schmuck,
épouse en 1724
Jean-Robert Christmann,
1751-1761.

François Christmann,   Éléonore Christmann,
1761-1771.   épouse en 1761
François-George Levrault,
1761-1798.

François-Laurent Levrault,
1798-1821,
épouse en 1793
Caroline Schertz,
1821-1850.

Éléonore Levrault,
chef actuel de la maison,
entrée dans les affaires en 1839,
épouse en 1825
Frédéric Berger,
associé de 1825 à 1837.

Oscar Berger-Levrault,
associé de la maison
depuis 1850.

Nota. Les dates placées sous les noms indiquent le temps pendant lequel
chacun des chefs a dirigé la maison.

OBSERVATIONS GÉNÉRALES.

Le nombre des personnes qui sont employées dans notre maison est d'environ 300, qui, à la date du 31 décembre 1866, se répartissaient ainsi :

2 chefs.

Bureaux :

Employés, apprentis et commissionnaires. . . . 28

Imprimerie typographique :

Protes et correcteurs. 5
Compositeurs et apprentis compositeurs . . 51
Imprimeurs et apprentis imprimeurs . . . . 40 } 131
Conducteurs et personnel des presses méca-
   niques mues par la vapeur 35

Réglure, Séchage et Satinage :

Chefs et ouvriers 37

Lithographie :

Écrivains, graveurs, dessinateurs et imprimeurs 16

Reliure :

Chef et ouvriers. 56
                                  A reporter . . . 268

Report . . . 268

Fonderie de caractères, Stéréotypie
et gravure :

Chefs et ouvriers 20

Ouvriers divers : serruriers, menuisiers, etc. . . 23

Nombre total des personnes employées . . . 311

En 1855, ce nombre était :

Bureaux :

Employés, apprentis et commissionnaires 15

Imprimerie typographique :

Prote et correcteurs 3

Compositeurs et apprentis compositeurs 28

Imprimeurs, apprentis imprimeurs, conducteurs et personnel

des presses mécaniques 32

} 63

Réglure, Séchage et Satinage :

Chefs et ouvriers 19

Lithographie :

Écrivains, graveurs, dessinateurs et imprimeurs 16

Reliure :

Chef et ouvriers 20

Fonderie de caractères et Stéréotypie :

Chef et ouvriers 17

Nombre total des personnes employées en 1855 150

Lors de l'Exposition de Londres de 1862, ce nombre était:

Bureaux :

Employés, apprentis et commissionnaires   25

Imprimerie typographique :

Prote et correcteurs.   4

Compositeurs et apprentis compositeurs.   36

Imprimeurs et apprentis imprimeurs. . . . .   23 } 92

Conducteurs et personnel des presses mécaniques mues par la

    vapeur. . . . .   29 }

Réglure, Séchage et Satinage :

Chefs et ouvriers.   20

Lithographie :

Écrivains, graveurs, dessinateurs et imprimeurs   16

Reliure :

Chefs et ouvriers   43

Fonderie de caractères et Stéréotypie :

Chefs et ouvriers.   17

Nombre total des personnes employées en 1862   222

RÉSUMÉ.

Nombre total des personnes employées en 1855.   150

—   —   —   1862.   222

—   —   au 31 décembre 1866.   311

Le personnel a donc plus que doublé depuis douze ans.

EXPLOITATION.

Notre maison renferme plusieurs branches d'industrie, dont voici l'énumération :

   1° Librairie:

      A. Livres de fonds et d'assortiment,

      B. Livres et imprimés d'administration;

   2° Imprimerie typographique;

   3° Ateliers de réglure, de séchage et de satinage;

   4° Lithographie;

   5° Atelier de reliure;

   6° Fonderie de caractères, stéréotypie et gravure
sur cuivre pour la typographie.

La librairie a été fondée en 1676, l'imprimerie typographique en 1685; les autres branches sont venues
s'y rattacher successivement, à mesure que le besoin
s'en est fait sentir.

   1° LIBRAIRIE:

     Maisons à Strasbourg et à Paris.

     A. Livres de fonds et d'assortiment.

La librairie publie chaque année, à titre d'éditeur,
un nombre assez considérable d'ouvrages, dont elle a

joint le catalogue complet au choix très-restreint auquel elle a dû se borner pour l'Exposition.

Sans exclure les autres branches, ses publications comprennent plus particulièrement les ouvrages militaires et administratifs, les publications pour les écoles et la jeunesse et des travaux de musique.

Elle est éditeur de l'Annuaire militaire de l'armée française depuis 1819, première année de sa publication. — Elle publie également l'Almanach impérial, dont elle vient de faire l'acquisition ; l'Annuaire diplomatique de l'empire français et l'Annuaire de l'administration française.

B. *Livres et imprimés d'administration.*

Comme librairie administrative proprement dite, la librairie s'est trouvée amenée à établir et à tenir toujours prêts en magasins les registres et imprimés nécessaires à un grand nombre de services administratifs.

Elle possède de même la série complète des registres et imprimés nécessaires au service des différents corps de l'armée, série qui comprend à elle seule plus de 500 numéros, presque tous doubles ou triples, en raison des différentes armes.

La plus importante et la plus considérable de ses entreprises consiste, toutefois, dans la fourniture du *service des administrations des finances* (Trésoreries générales et Recettes particulières, percepteurs, receveurs municipaux, Caisses d'Épargne, Monts-de-Piété, etc.).

Ces imprimés étaient presque exclusivement fournis jusqu'en 1854 par deux imprimeurs de Paris.

Notre maison a commencé ces services en 1854 avec 5,000 fr. de commandes environ, provenant du département du Bas-Rhin, et en ce moment les commandes annuelles qu'elle reçoit de tous les points de la France dépassent 200,000 fr. — 40 Trésoreries générales, sur 88, lui réservent exclusivement leurs commandes; de plus, dix à douze autres lui font des demandes partielles importantes.

Pour réaliser en si peu de temps, en concurrence avec deux maisons importantes de Paris, et à prix égal, une augmentation pareille. il a certainement fallu, dans l'exécution des produits, une supériorité sensible obtenue par des soins incessants apportés à tous les détails du travail.

2° Imprimerie typographique :

En 1867, 1 machine à vapeur de 5 chevaux avec avant-chauffeur ;

11 presses mécaniques dont 8 de grand format ;
1 presse mécanique typo-lithographique ;
21 presses à bras ;
131 personnes.

En 1855,	4 presses mécaniques ;	En 1862,	9 presses mécaniques ;
	7 presses à bras ;		16 presses à bras ;
	63 personnes.		92 personnes.

L'imprimerie a constamment dans ses magasins un approvisionnement d'au moins 100,000 fr. de papiers, provenant des meilleures fabriques de France et qui lui est nécessaire pour pouvoir satisfaire immédiatement à toutes les exigences du travail.

Elle est occupée en partie pour la maison même à exécuter les ouvrages qu'elle publie et à maintenir toujours au complet les approvisionnements d'imprimés administratifs.

Elle a, de plus, des travaux importants pour les différentes administrations du département, qu'elle dessert depuis plus de soixante ans. Les commandes qu'elle reçoit en outre, tant de Paris que de l'intérieur de la France et parfois de l'Étranger, s'élèvent à un chiffre considérable.

Notre maison s'est attachée de tout temps et avant tout:

A conserver son ancienne réputation de bonne imprimerie, en introduisant dans ses ateliers les perfectionnements et améliorations nécessaires pour pouvoir répondre à toutes les exigences et se maintenir à la hauteur des progrès de la typographie;

A fournir une impression consciencieuse, pure et soignée;

A assurer, enfin, aux travaux qui sortent de ses presses le mérite de la plus grande correction possible, à laquelle elle a toujours tenu à apporter des soins constants, et qu'elle considère comme un des plus grands mérites d'un ouvrage.

Nous espérons:

que les différents ouvrages exposés,

nos impressions de musique mobile

et la collection de nos imprimés pour le service des finances seront jugés dignes d'attention.

Une observation que nous devons faire quant aux produits que nous exposons, *c'est qu'aucun d'eux n'a* été imprimé spécialement en vue de l'Exposition, à petit nombre, sur un papier choisi exprès, avec un soin particulier et à grands frais.

Dans des conditions pareilles il serait facile, en imprimerie surtout, d'établir des produits hors ligne, mais qui ne peuvent donner aucune idée de l'ensemble de la production d'une maison, et de l'influence qu'elle peut exercer, pour sa part, sur les progrès de l'art de la typographie.

En prenant, au contraire, les produits exposés tels qu'ils existent dans l'approvisionnement de nos magasins, on peut être assuré qu'ils sont conformes à l'édition tout entière qui en a été tirée, et pour laquelle on a dû tenir compte de leur importance, de leur destination, de leur prix de vente. Il se peut même que l'un ou l'autre se ressente de ce qu'il aura fallu le tirer d'urgence dans un moment pressé, ou de l'économie qu'il aura fallu apporter à son exécution.

Ils constituent donc un véritable produit industriel, et doivent nécessairement donner une idée parfaitement exacte de l'ensemble de notre production.

Nous aurons occasion de revenir sur nos impressions administratives et de musique mobile.

3° ATELIERS DE RÉGLURE, DE SÉCHAGE ET DE SATINAGE :

6 machines à régler;

2 presses hydrauliques;

37 personnes.

L'atelier de réglure concourt avec l'imprimerie à l'exécution des nombreux travaux, tableaux et états, imprimés surtout pour les administrations et qui exigent des lignes grises transversales. Il serait trop coûteux de les exécuter tous à la presse typographique; c'était cependant, dans bien des cas, la seule ressource qui restait à l'imprimeur pour obtenir une précision à laquelle ne pouvaient atteindre les machines à régler généralement usitées.

Nous sommes parvenus à exécuter ces travaux avec la plus grande précision et une parfaite exactitude typographique au moyen de notre machine à régler perfectionnée, qui nous paraît présenter une supériorité marquée sur les différents systèmes usités jusqu'à ce moment.

Elle réunit, en effet, les avantages des différentes machines à régler au châssis et de celles dites *au tambour*, tout en présentant sur elles une supériorité réelle, sauf la plus grande célérité de la réglure au tambour; mais cette dernière ne saurait convenir qu'à un travail ordinaire et courant, qui ne se présente que rarement dans notre maison, tandis que notre machine nous permet d'exécuter avec une complète précision et très-rapidement les travaux les plus compliqués.

Il nous est malheureusement impossible de l'exposer en raison de l'espace restreint accordé.

Les ateliers de séchage et de satinage sont organisés de manière à satiner journellement avec soin 60 à 100 rames. Une douzaine de chariots, construits spécialement et circulant dans tout l'atelier sur une petite voie ferrée, font l'office de presses. Ces chariots, recevant leur pression d'une machine hydraulique puissante, satinent des quantités considérables et fournissent un satinage de beaucoup supérieur à celui qu'on obtiendrait en soumettant les cartons directement à l'action de la presse hydraulique.

4° LITHOGRAPHIE:

10 presses lithographiques;

16 personnes.

La lithographie est constamment occupée à des travaux pour la maison et les administrations et à des ouvrages de ville ; elle tient à les exécuter avec soin.

La maison se trouve ainsi posséder l'avantage précieux de pouvoir établir les travaux qui lui sont confiés, soit par la lithographie, soit par la typographie, suivant que l'un ou l'autre de ces procédés est plus favorable à leur bonne exécution.

La lithographie n'étant, toutefois, qu'une branche accessoire de la maison, on ne prétend pas que la généralité de ses impressions se distingue de celles d'autres bons établissements.

Parmi les produits de la lithographie, nous croyons devoir appeler l'attention sur l'Atlas de la *Relation officielle du siége de Sébastopol*, sur les planches d'armoiries en couleurs de l'*Alsace noble*, etc. Les Cartes topographiques, qui constituent une spécialité dans laquelle nous avons vu nos produits accueillis avec faveur, n'ont pu être exposées faute de place.

5º ATELIER DE RELIURE :

56 personnes.

Toutes les impressions, tant typographiques que lithographiques, sont entièrement terminées, pliées, cousues, etc., dans la maison, qui exécute, en outre, dans ses ateliers les travaux dits *de papeterie* (registres, etc., à l'usage des administrations, du commerce, etc.), ce qui se présente fréquemment.

L'extension croissante des affaires a nécessité, en outre, la création d'un atelier de reliure proprement dit, fourni des machines les plus propres à faciliter le travail et à en assurer la bonne exécution ; dans le nombre figurent deux machines à plier, que notre maison possède depuis 1863 ; notre maison est, à notre connaissance, la première qui les ait introduites en France.

La réunion de ces travaux divers dans la maison permet de surveiller tous les détails de leur confection, et c'est le seul moyen d'être assuré de l'exactitude de leur livraison.

6° FONDERIE DE CARACTÈRES, STÉRÉOTYPIE (GALVANOPLASTIE) ET GRAVURE SUR CUIVRE :

20 personnes.

La fonderie existe depuis longtemps dans la maison. Quoique créée spécialement pour satisfaire à nos propres besoins, elle fournit également d'autres imprimeries du pays.

Elle est surtout riche en caractères courants, français et allemands, et en types de musique mobile.

On y a joint depuis une trentaine d'années un atelier de stéréotypie, dans lequel les clichés se font tant par la fonte au plomb que par les procédés galvaniques.

Les impressions exposées permettront de juger les produits de ces deux ateliers.

Nous y avons ajouté un atelier de gravure sur cuivre, pour l'impression à la presse typographique.

Manquant d'une place convenable, nous ne pouvons exposer qu'un nombre restreint de ses produits, sur lesquels nous croyons cependant devoir attirer spécialement l'attention, car ils nous semblent offrir un grand intérêt pour la typographie.

7° Ouvriers divers :

23 personnes.

Nous comprenons sous cette rubrique un certain nombre d'ouvriers nécessaires au service de la maison : serruriers, menuisiers, etc., qu'il n'a pas été possible de rattacher à un atelier proprement dit et qui ne donnent lieu à aucune observation.

RÉSUMÉ.

La maison présente donc, par ses diverses branches, la presque totalité des industries qui concourent à la transformation en produit fabriqué, du papier considéré comme matière première.

Elle est à même, par là, de suivre l'achèvement de ses produits dans les différentes phases du travail, d'assurer leur bonne et prompte exécution et d'en assumer la responsabilité, grâce à son personnel nombreux et à ses différents ateliers, qui concourent tous à un but commun.

Cette surveillance, cette direction unique sont surtout indispensables pour ses nombreux travaux administratifs, parmi lesquels il y en a dont la promptitude de la livraison est souvent de la plus haute importance.

PROGRÈS RÉALISÉS

DEPUIS L'EXPOSITION UNIVERSELLE DE 1855.

Nous croyons devoir indiquer sommairement les progrès réalisés par notre maison depuis 1855 :

1° Progrès réalisés dans la marche proprement dite de notre maison.

Depuis une dizaine d'années, l'amélioration de nos produits a amené naturellement une augmentation successive et très-importante dans notre chiffre d'affaires, qui a plus que doublé depuis 1855.

Nous nous sommes donc vus obligés de créer de nouveaux ateliers, d'agrandir ceux qui existaient, et de leur donner une organisation nouvelle.

Comme progrès réalisés dans ce sens, nous pouvons citer :

L'introduction de la vapeur comme force motrice;

L'augmentation et le renouvellement presque intégral du matériel ;

Elle a été très-considérable, comme le prouve ce seul fait que, depuis 1855 seulement, le nombre des presses mécaniques a été porté de 4 à 12 et celui

des presses à bras de 7 à 21, bien qu'un grand
nombre de travaux soignés se tirent aux presses
mécaniques;

L'organisation donnée à notre atelier de séchage et de
satinage, qui, avec deux presses hydrauliques seulement, nous fournit un satinage soigné de 60 à
100 rames par jour;

La création d'un atelier de reliure proprement dit,
en dehors de celui qui existait précédemment pour
les travaux dits *de papeterie*;

La création d'un atelier spécial pour la stéréotypie
galvanoplastique;

La création de l'atelier de gravure sur cuivre;

Enfin l'ensemble de l'organisation intérieure des
ateliers, qui se trouvent maintenant en communi-
cation, partout où l'exigent les besoins du travail,
de manière à éviter toute perte de temps.

*2° Progrès réalisés d'une manière générale au point
de vue typographique.*

Nous pouvons les résumer dans les points sui-
vants :

Soins apportés à l'ensemble de la production ;

Grande pureté et perfection obtenues pour le tirage
fait en une seule fois des cadres avec lignes grises;

Régularité et beauté de la réglure de ces mêmes imprimés;

Impression de musique en types mobiles par les procédés typographiques;

Gravure sur cuivre pour le tirage typographique.

Soins apportés à l'ensemble de la production.

Nous nous sommes attachés constamment à améliorer de plus en plus l'ensemble de notre production, par les soins constants apportés à la composition, à la correction, ainsi qu'à la pureté et à la netteté du tirage. Bien que notre exposition soit composée uniquement des produits courants, tels qu'ils sont successivement sortis de nos presses, nous croyons pouvoir cependant appeler l'attention sur la *Relation officielle du siége de Sébastopol*, l'*Alsace noble*, les *Études sur l'histoire et la généalogie*, par LEHR, etc., imprimés et édités par notre maison; les livraisons de la *Statistique générale de France*; le *Catalogue général de la librairie française*, par O. LORENZ; une édition in-18 du *Nouveau Testament*, dite *du Jubilé*; l'*Aide-Mémoire d'artillerie*, le *Dictionnaire des parallèles*, etc.

Grande pureté et perfection obtenues pour le tirage fait en une seule fois des cadres avec lignes grises.

Régularité et beauté de la réglure de ces mêmes imprimés.

Une des plus grandes difficultés que la typographie ait à surmonter est celle que présente l'établissement des cadres et états qui exigent l'emploi des lignes grises, soit horizontales, soit verticales, dont l'application est demandée de plus en plus pour un nombre considérable de travaux où ces lignes ne se présentaient pas précédemment.

L'emploi de ces lignes grises constitue une amélioration incontestable; l'idée en est due à la lithographie et lui a valu un grand nombre de travaux précédemment confiés à la typographie. Il suffira de citer les factures pour le commerce, les cadres et états pour les différentes administrations, etc. Cependant la lithographie ne saurait obtenir entièrement l'exactitude et la netteté de l'impression typographique, surtout lorsqu'il s'agit de tableaux qui doivent contenir des lignes de texte correspondant avec les lignes grises horizontales; le tirage exige, en outre, de grandes précautions pour laisser au papier toute sa pureté et éviter qu'il ne s'y dépose une légère couche graisseuse; enfin le chiffre limité de tirage auquel on arrive dans une journée de travail à la presse lithographique, constitue une entrave fâcheuse dans les travaux administratifs surtout, qui exigent d'ordinaire une grande rapidité d'exécution pour des tirages souvent très-considérables.

Malgré ces inconvénients, la typographie se trouvait en présence d'une concurrence très-sérieuse. Elle commença alors à faire simultanément le tirage du noir et celui des lignes grises verticales, en même temps qu'on se servait des machines à régler pour tracer les lignes grises horizontales. Elle parvint ainsi à concourir avantageusement pour les prix avec la lithographie, dont les produits présentaient cependant encore une perfection plus grande, et ce fut à obtenir cette perfection pour les produits similaires de la typographie que durent tendre dès lors les efforts des imprimeurs typographes.

Notre maison, qui réunit l'imprimerie typographique à la lithographie, peut par là même en comparer les avantages réciproques; elle chercha dès lors à résoudre la difficulté qui se présentait.[1]

---

1. D'autres maisons ont essayé de résoudre ces difficultés par les procédés *typo-lithographiques*, c'est-à-dire en transportant la composition typographique *sur pierre*, sur laquelle on traçait les lignes noires et grises; mais ce procédé, présentant trop de désavantages,

Après bien des recherches elle y parvint enfin, par sa machine à régler perfectionnée, pour laquelle elle prit un brevet d'invention en 1854, et surtout par les perfectionnements apportés au tirage simultané du noir et des lignes grises à la presse typographique, dont la mise en train et l'impression présentent certainement des difficultés, et exigent souvent des soins et un temps qui ne le cèdent pas au travail de vignettes le plus compliqué.[1]

Une fois le problème entièrement résolu, notre maison put, en 1854, entreprendre la fourniture des administrations financières concurremment avec deux maisons de Paris, qui jusque-là s'occupaient seules en grand de fournir à ces administrations les imprimés qui leur étaient nécessaires.

En raison de l'exactitude rigoureuse exigée pour le travail de ces administrations, leurs impressions se

---

surtout sous le rapport de la pureté du travail, a été repoussé par les bonnes maisons, et on ne s'en sert plus que pour les travaux autographiques.

[1]. En effet il est difficile de se rendre compte des difficultés que présente la mise en train de ce genre de travail.

Il nous est arrivé plus d'une fois de rencontrer des ouvriers très-habiles, obligés de passer par un véritable apprentissage, avant de s'en tirer d'une manière complétement satisfaisante.

prêtaient mieux que toutes les autres à l'application des perfectionnements obtenus.

Le succès ne se fit pas attendre. Ayant débuté en 1854 avec 5,000 francs d'impressions de ce genre, spéciales au Bas-Rhin et qu'elle avait depuis longues années, notre maison a vu chaque année augmenter le chiffre des travaux qui lui étaient confiés, et elle est arrivée (comme nous l'avons dit page 27) à avoir en 1866, pour cette seule branche, plus de 200,000 francs de travaux.

Ce résultat est d'autant plus favorable que la situation de son imprimerie, éloignée comme elle l'est de Paris et privée du prestige de la capitale, lui créait des difficultés plus grandes.

Dès nos débuts, nous avons pensé pouvoir constater comme une preuve du succès, aujourd'hui réalisé, le fait qui nous a paru significatif, que l'un de nos deux concurrents de Paris, admis comme nous à l'Exposition universelle de 1862, n'y a pas exposé ses impressions administratives.

L'augmentation constante dans le chiffre annuel des commandes que nous recevons, nous prouve que maintenant encore nos impressions présentent à prix égal une supériorité positive sur celles des deux maisons de

Paris avec lesquelles nous nous trouvons en concurrence depuis douze ans.

Notre maison espère donc que les imprimés qu'elle expose dans cette spécialité pourront être considérés comme réalisant un progrès très-sensible.

Impression de musique en types mobiles par les procédés typographiques.

Nous croyons aussi pouvoir appeler l'attention sur les nombreuses impressions de musique en caractères mobiles, à la presse typographique, sorties de notre maison, et dont l'exécution nous a valu des commandes importantes de la France et de l'Étranger.

Gravure sur cuivre pour la presse typographique.

Nous croyons que les produits exposés présentent un intérêt réel, et méritent d'être examinés avec attention.

En effet, chaque amélioration, réalisée en vue de l'art typographique depuis le commencement de notre siècle, ne marque dans la voie du progrès qu'une étape bientôt franchie; car chacune de ces améliorations vient montrer la possibilité, nous dirions presque la nécessité, de progrès nouveaux, et indiquer tout ce qu'il reste encore à faire à l'imprimerie.

C'est ainsi que les progrès obtenus pour la mise en train et le tirage à la presse à bras et aux presses mécaniques, ont rendu en même temps possibles et nécessaires les progrès de la gravure typographique, et que la finesse des travaux qu'elle a produits, a réagi sur les soins apportés aux tirages.

Nous croyons pouvoir considérer comme un pas dans cette voie de progrès notre procédé de gravure sur cuivre. — Une des applications industrielles dont il est susceptible se déduit du fait bien connu que, pour les travaux de ville, la typographie est jusqu'ici enchaînée par la régularité du système typographique, tandis que la plume ou le burin du lithographe lui donnent pleine liberté de conception et d'exécution.

D'un autre côté, malgré tous les progrès obtenus dans la gravure sur bois, la nature même du corps sur lequel on est obligé de travailler, présente pour certains travaux des difficultés insurmontables. Elle exige presque toujours un mode de dessin spécial qui tienne compte de ces difficultés.

Il est tel sujet pour lequel il serait impossible de rendre complétement un dessin librement fait: ce sont souvent les parties les plus importantes, telles que la figure, qui forment le côté le plus faible de la gravure sur bois.

Dans ces conditions il y aurait pour la typographie deux problèmes à résoudre :

Trouver le moyen de produire typographiquement des travaux de ville analogues à ceux de la lithographie, à prix égal et, si possible, inférieur ;

Obtenir pour les ouvrages illustrés des gravures qui reproduisent fidèlement le dessin original et présentent en même temps un certain cachet qui leur permette de soutenir la comparaison avec le bois, tout en diminuant les frais de gravure.

Il a déjà été fait dans ce sens bien des essais, d'abord sur la pierre lithographique, puis sur zinc, sur cuivre, sur verre ; mais aucun de ces essais n'a donné jusqu'ici des résultats complétement satisfaisants, soit que la gravure ne présentât pas une finesse suffisante, soit que les frais fussent trop élevés.

Nous ne prétendrons pas que notre procédé de gravure sur cuivre, dont nous exposons les produits, ait résolu d'une manière complète ce problème tant cherché. Il est encore trop nouveau, mais nous le croyons appelé à constituer un progrès réel sur les procédés antérieurs.

Nous appelons donc l'attention :

1° Pour les travaux de ville et travaux de fantaisie, sur les têtes de lettres et mandats que renferme notre album typographique ;

2° Pour les gravures, sur les ouvrages et essais que nous exposons, tels que :

L'ouvrage sur l'*Alsace noble* ;

Le *Bulletin* de la Société pour la conservation des monuments historiques d'Alsace ;

Le *Mémoire* de M. Kœchlin-Schlumberger, qui contient de nombreuses gravures géologiques dont les frais sont inférieurs de deux tiers au moins à ceux de la gravure sur bois ;

Enfin l'ouvrage sur les *Ruines de Ninive*, etc., présentant une imitation très-curieuse de la taille-douce.

PRINCIPAUX PRODUITS EXPOSÉS.

—

Imprimerie et librairie.

Album renfermant des travaux de ville.

Plusieurs registres contenant la collection de nos imprimés administratifs.

Relation officielle du siége de Sébastopol, 2 vol. de texte et atlas.

Statistique générale de France, imprimée pour le Ministère de l'Agriculture, du Commerce et des Travaux publics; 11 livraisons.

Enquête sur le sucre en Angleterre, imprimée pour le même Ministère.

L'Alsace noble, par E. LEHR. (Gravures dans le texte et planches d'armoiries à plusieurs couleurs.)

Les Ruines de Ninive. (Avec gravures dans le texte et hors texte.)

Rapport sur la Pisciculture en Angleterre et en France. (*Idem.*)

KŒCHLIN-SCHLUMBERGER, Mémoire sur le terrain de transition des Vosges. (Ouvrage avec gravures sur cuivre intercalées dans le texte.)

Bulletin de la Société des monuments historiques d'Alsace. (*Idem.*)

Récits de Noël. (*Idem.*)

LEHR, Études sur l'histoire et la généalogie de quelques maisons souveraines de l'Europe.

DAUPHINOT et MARQUET, Trésor de la Cathédrale de Reims.

Le Bibliographe alsacien.

Hercule et Omphale. — Liber vagatorum. — La Chasse. (Éditions d'amateur.)

Dictionnaire pour la Correspondance télégraphique secrète.

Dictionnaire général de la Politique.

Dictionnaire de l'Administration française. (Tirage sur clichés à la presse mécanique.)

O. LORENZ, Catalogue général de la Librairie française. (Tirage à la presse mécanique.)

Aide-Mémoire d'artillerie. (Tirage sur clichés à la presse mécanique.)

Bible, grand in-8°.

Bible, grand in-18.

Nouveau Testament, in-18, édition dite *du Jubilé*.

Concordance des quatre évangiles.

Le Culte de famille.

Annuaire militaire de l'Empire français.

État militaire du corps de l'artillerie de France.

Annuaire diplomatique de l'Empire français.

Annuaire de l'Administration française.

Annuaire de Seine-et-Oise.

Description du Bas-Rhin, 3 vol. grand in-8°.

Les Chemins de fer vicinaux du Bas-Rhin.

VOGEL, Du Commerce de l'Angleterre et de la France.

Bibliothèque de l'Administration française, 5 vol.

LEGOARANT, Dictionnaire de la langue française.

L. SPACH, Œuvres choisies.

SCHNITZLER, l'Empire des tsars, 3 vol.

SCHNITZLER, les Institutions de la Russie, 2 vol.

Voyages de découvertes dans la maison et aux alentours. (Avec gravures.)

180 ouvrages divers.

Impressions diverses de musique mobile.

Cahier d'impressions de musique pour le chant.

REISSMANN, Geschichte der Musik. (Histoire de la musique, en allemand.)

Psaumes et Cantiques pour l'Église réformée de France; éditions in-12 et in-32.

Psaumes et Cantiques pour les églises du Jura bernois; éditions in-12 et in-32.

Psaumes et Cantiques à 2 ou 3 voix.

Recueil de Cantiques pour les églises de Lyon et de Genève.

Recueil de Chants des unions chrétiennes de jeunes gens.

Cantiques pour l'Église de Jésus-Christ.

Recueil de Cantiques pour l'Église évangélique belge.

ÉBERLIN, 25 Morceaux.

STERN, 3ᵉ et 4ᵉ Recueils de morceaux d'orgue, etc.

STERN, Livre d'orgue pour le Recueil de Cantiques.

Publications de musique en chiffres.

Lithographie.

Album de divers travaux lithographiques et chromo-lithographiques.

Atlas de la Relation officielle du siége de Sébastopol.

Plans de la guerre de Hongrie. (Chromo-lithographie.)

Reliure.

Un Grand-Livre à l'usage des receveurs généraux.

Choix de différentes reliures, depuis les reliures courantes jusqu'aux travaux de choix.

TABLE.

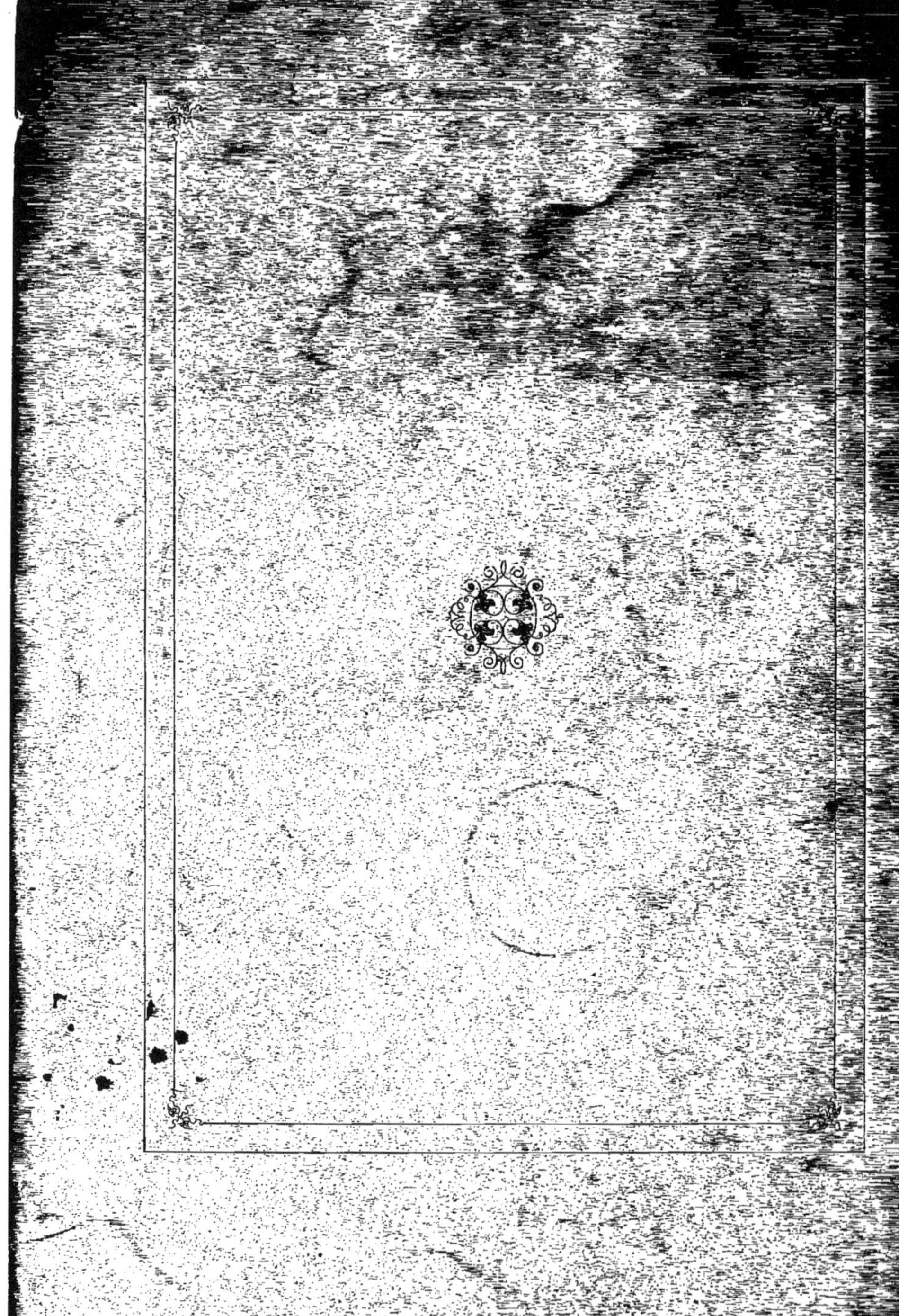